Olá!

Escrito por Emily Kington
Ilustrado por Dusan Lakicevic

O MUNDO DOS INSETOS

GIRASSOL

SUMÁRIO

O que são insetos? 6
Formiga 8
Abelha 10
Minhoca 12
Caracol 14
Lesma 16
Aranha 18
Mosca 20
Bicho-pau 22
Libélula 24
Centopeia 26
Besouro 28
Gafanhoto 30
Lagarta 32
Borboleta 34
Vaga-lume 36
Que inseto é esse? 38
Por que os insetos são importantes? 40
Índice 42
Glossário 44

As palavras DESTACADAS são encontradas no glossário.

O QUE SÃO INSETOS?

os insetos estão à nossa VOLTA!

Nosso planeta é cheio de insetos. Podemos encontrá-los em todos os lugares.

os insetos são o máximo!

Há milhões desses animaizinhos diferentes espalhados por aí, de aranhas assustadoras a insetos ocupados e barulhentos, de minhocas ondulantes a lesmas pegajosas. Eles têm características diferentes e habilidades que os tornam especiais.

caça aos insetos

É possível encontrá-los sob a terra, no ar, na água e até mesmo na sua casa!

O que faz um inseto ser um inseto?

O corpo de todos os insetos é dividido em três partes: cabeça, tórax e abdômen. Eles geralmente também têm duas, quatro ou nenhuma asa, seis pernas e antenas.

Atenção!
Muitos dos animais que chamamos de "insetos" não são cientificamente considerados insetos. Para ser tido como um, ele deve ter aparelhos bucais afiados para espetar e sugar o alimento.

Vire a página para descobrir alguns desses bichinhos superatarefados.

FORMIGA

As formigas estão por TODA PARTE!

Elas vivem em grupos, chamados colônias, e constroem ninhos com muitos túneis. Alguns ninhos têm mais de um milhão de formigas vivendo em seu interior!

VOCÊ SABIA?

Eu como... quase tudo! Incluindo folhas, sementes, pequenos insetos, **seiva** de árvores e frutas.

Eu tenho... 6 pernas!

Eu posso ser encontrada... em ninhos subterrâneos, em árvores e até mesmo dentro de algumas plantas.

Eu cresço até... 4 centímetros.

Os machos têm asas e se chamam zangões.
As formigas operárias constroem e cuidam do ninho, além de procurarem por comida.

ABELHA

Ser uma abelha significa estar sempre muito OCUPADA e muito AGITADA.

As abelhas voam de flor em flor coletando o doce **néctar** para fazer o mel. Elas espalham o **pólen** enquanto voam, ajudando as plantas a produzirem novas sementes.

VOCÊ SABIA?

Eu como... o néctar e o pólen das flores.

Eu tenho... 6 pernas e 5 olhos!

Eu posso ser encontrada... em florestas, jardins ou no campo, onde as flores crescem.

Eu cresço até... 2,5 centímetros.

MINHOCA

Esses vermes ONDULANTES e CONTORCIONISTAS vivem no subsolo.

As minhocas não têm pernas, mas têm o corpo coberto de pelos muito finos, que as auxiliam a **entocar-se** no solo. Esses seres ajudam a manter o solo saudável, o que faz bem para as plantas e para outros animais.

VOCÊ SABIA?

Eu como... plantas e raízes mortas, e **micróbios**.

Eu tenho... 0 pernas!

Eu posso ser encontrada... em solo úmido.

Eu sou na verdade... um **anelídeo!**

Eu cresço até... 40 centímetros.

As minhocas podem não parecer muito apetitosas, mas os pássaros as adoram!
Corpo longo em forma de tubo, composto por vários **segmentos**
Boca

CARACOL

Os caracóis são criaturas MACIAS e PEGAJOSAS, com uma concha dura em suas costas.

Os caracóis já nascem com suas conchas e podem se enrolar dentro delas para fugir do perigo. Normalmente, eles vivem de 3 a 7 anos.

VOCÊ SABIA?

Eu como... plantas e **fungos**. Às vezes, como também minhocas, lesmas e outros caracóis!

Eu tenho... 0 pernas!

Eu sou na verdade... um **molusco gastrópode**!

Eu posso ser encontrado... no escuro, em lugares úmidos. Alguns de nós vivem até na água.

Eu cresço até... 38 centímetros.

LESMA

As lesmas são consumidoras vorazes que comem praticamente QUALQUER COISA!

A maioria dos jardineiros acredita que elas são verdadeiras **pragas** porque podem causar vários danos às plantas. As lesmas também têm o corpo macio e pegajoso, além de não terem ossos. Elas são parecidas com os caracóis, mas sem a concha.

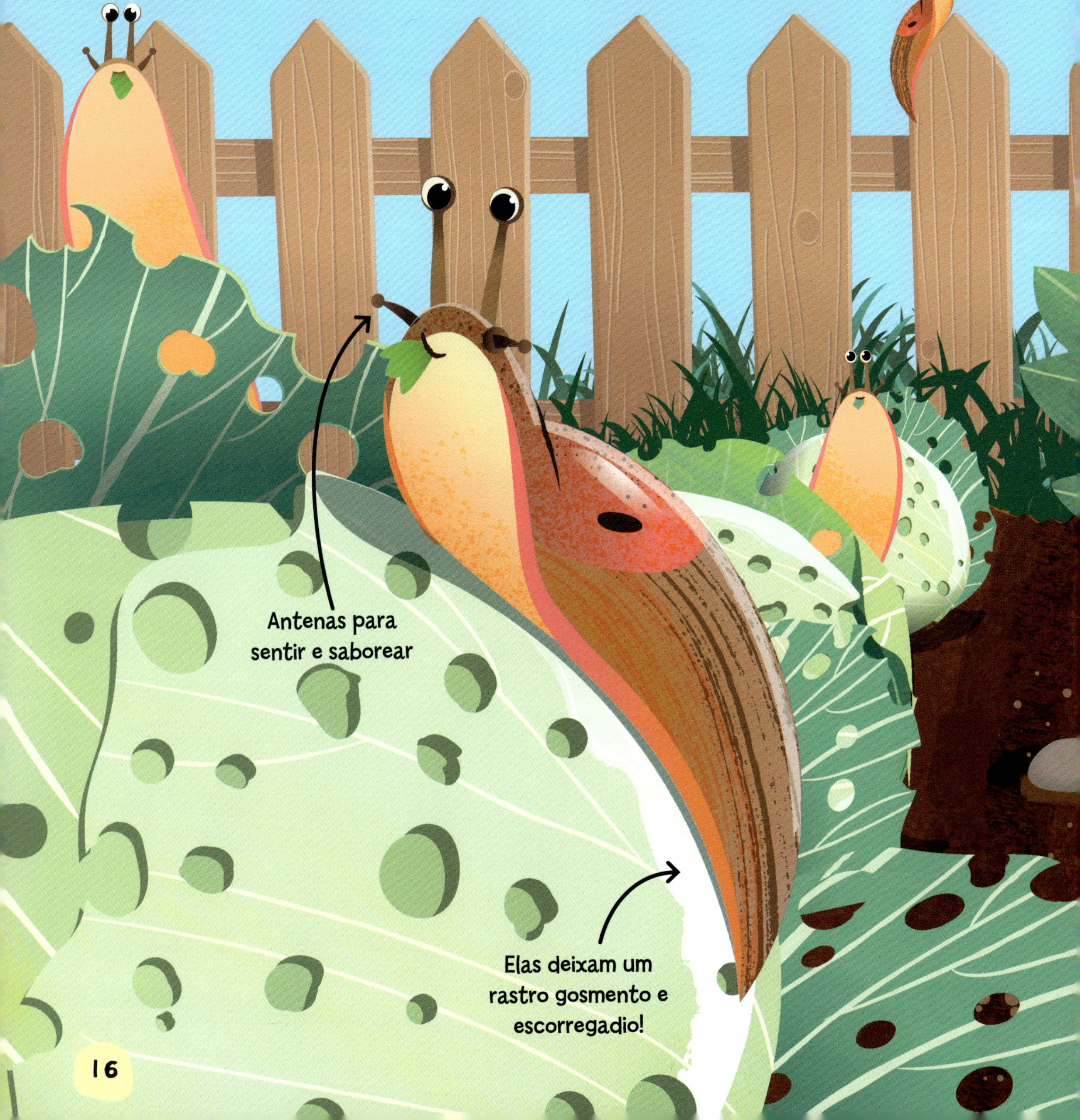

VOCÊ SABIA?
Eu como... plantas e fungos. Às vezes, como também minhocas, caracóis e outras lesmas!
Eu tenho... 0 pernas!
Eu sou na verdade... um molusco gastrópode!
Eu posso ser encontrada... no escuro, em lugares úmidos e frios.
Eu cresço até... 20 centímetros.
A barriga da lesma é chamada de pé.

ARANHA

As aranhas são seres ASSUSTADORES que andam sobre 8 pernas!

Elas são conhecidas por tecerem teias, que você provavelmente já viu em algum cantinho na sua casa! Diferentes tipos de aranhas são encontrados no mundo inteiro, em desertos secos e até mesmo na pia do banheiro das casas!

As aranhas são bichinhos muito espertos!

VOCÊ SABIA?

Eu como... a maioria dos outros insetos. Algumas aranhas tropicais bem grandes podem comer pequenos animais.

Eu não tenho... asas.

Eu tenho... 8 pernas e 8 olhos!

Eu sou na verdade... um **aracnídeo**!

Eu posso ser encontrada... em quase todos os lugares!

Eu cresço até... 28 centímetros.

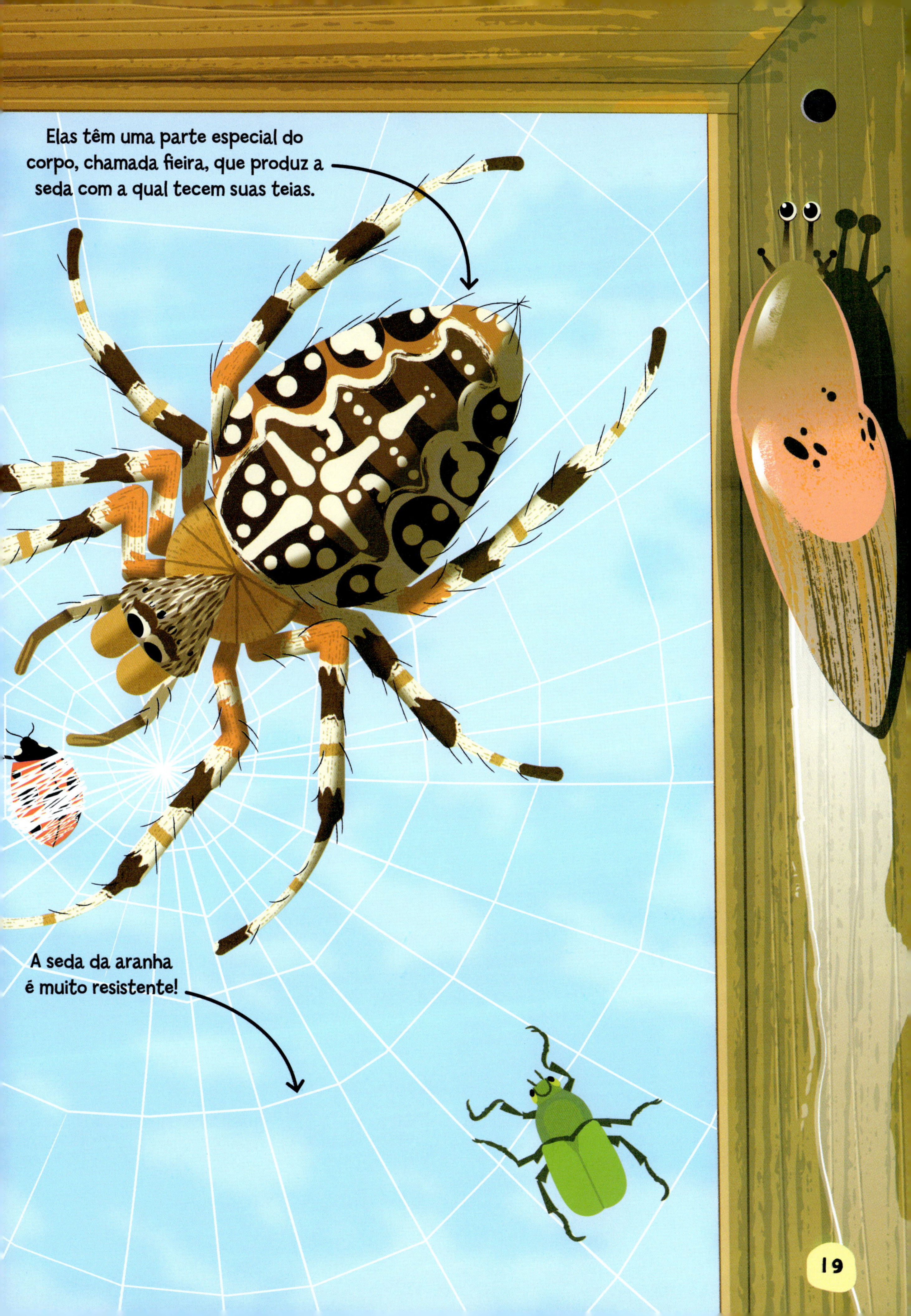
Elas têm uma parte especial do corpo, chamada fieira, que produz a seda com a qual tecem suas teias.
A seda da aranha é muito resistente!

MOSCA

Há MILHARES de tipos diferentes de moscas.

O zumbido que as moscas fazem vem de suas asas que batem rápido demais. A maioria das moscas bate as asas cerca de 200 vezes por segundo!

VOCÊ SABIA?

Eu como... o pólen e o néctar das flores, raízes de plantas, animais e até cocô.

Eu tenho... 6 pernas!

Eu posso ser encontrada... em quase todos os lugares!

Eu cresço até... 8 centímetros.

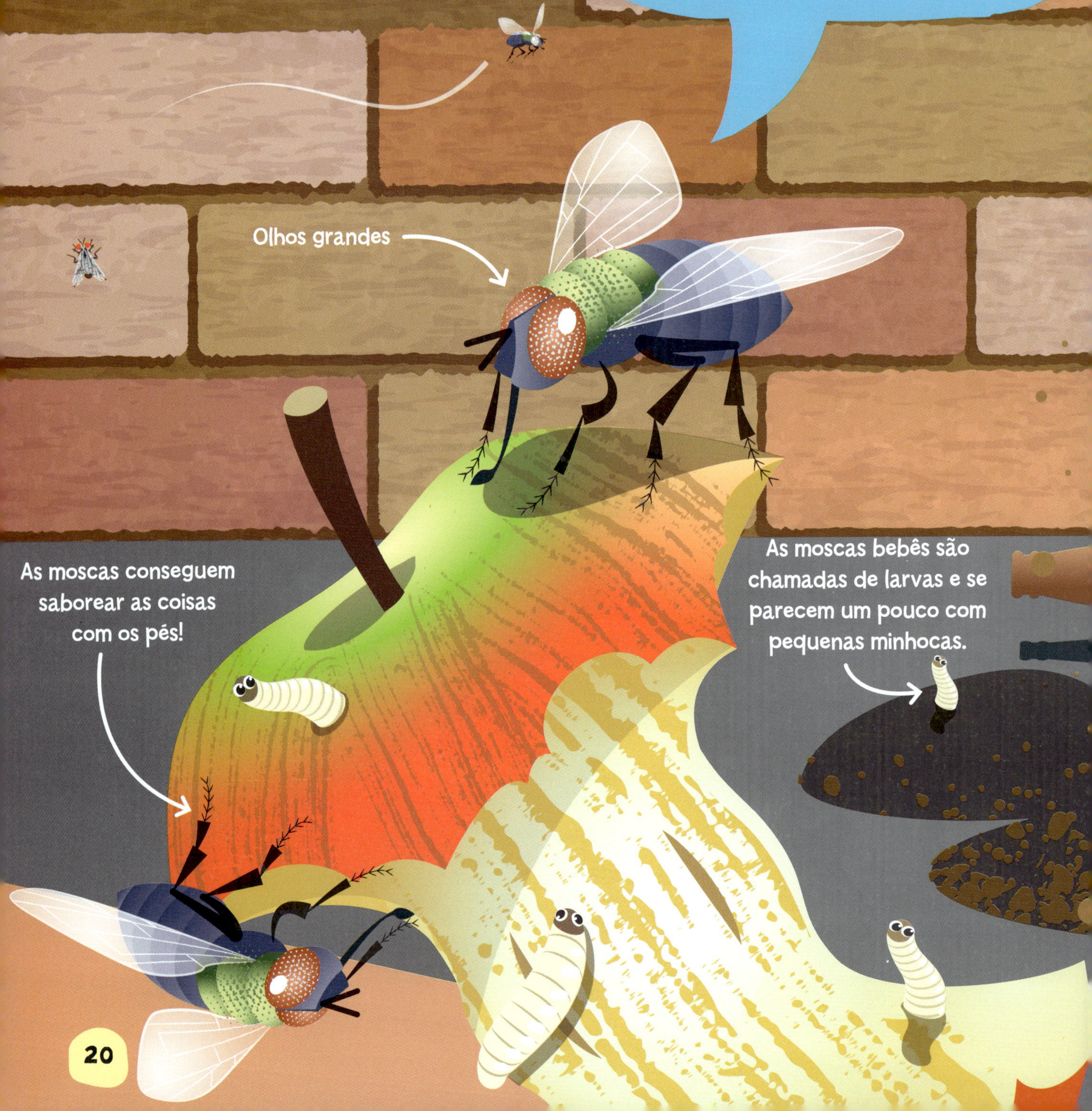

As moscas põem ovos sobre as raízes das plantas e sobre os alimentos.
Quando os ovos eclodem, as moscas bebês têm comida pronta para se alimentar!

BICHO-PAU

É DIFÍCIL PERCEBER a presença destes insetos!

Estes insetos realmente se parecem muito com galhos de plantas. Isso os ajuda a sobreviver porque os outros insetos não podem comê-los se não souberem que eles estão ali.

VOCÊ SABIA?

Eu como... plantas, especialmente folhas e galhos.

Eu tenho... 6 pernas!

Eu posso ser encontrado... nas florestas.

Eu cresço até... 64 centímetros.

É um galho ou um inseto?

Se alguma coisa se agarra a uma de suas pernas, ele faz essa perna cair para escapar. Mas não se preocupe, a perna dele cresce outra vez!

LIBÉLULA

As libélulas são CAÇADORAS habilidosas!

As libélulas foram um dos primeiros insetos alados a aparecer no nosso planeta, cerca de 300 milhões de anos atrás. Isso foi antes dos dinossauros existirem!

VOCÊ SABIA?

Eu como... outros insetos voadores.

Eu tenho... 6 pernas!

Eu posso ser encontrada... perto de **água fresca**, como rios, lagoas e lagos.

Eu cresço até... 13 centímetros.

CENTOPEIA

Estes seres RASTEJANTES e COMPRIDOS têm um montão de pernas.

As centopeias põem seus ovos no solo durante a primavera e o verão. Eles levam apenas algumas semanas para se transformar em minicentopeias!

VOCÊ SABIA?

Eu como... raízes e plantas mortas.

Eu tenho... entre 30 e 1.306 pernas!

Eu sou na verdade... um **artrópode miriápode!**

Eu posso ser encontrada... principalmente em florestas.

Eu cresço até... 34 centímetros.

BESOURO

Estes insetos brilhantes ajudam a manter o solo SAUDÁVEL!

Eles podem parecer muito diferentes e ter várias formas e tamanhos. Eles têm uma capa dura nas asas para protegê-las.

Alguns besouros são brilhantes e luminosos como joias.

VOCÊ SABIA?

Eu como... quase tudo! Muitos de nós comem plantas, outros insetos, animais mortos ou até cocô!

Eu tenho... 6 pernas!

Eu posso ser encontrado... em quase todos os lugares.

Eu cresço até... 19 centímetros.

GAFANHOTO

Os gafanhotos usam suas fortes patas traseiras para SALTAR!

Muitos deles podem saltar mais de 20 vezes o comprimento de seus corpos. Para fazer a mesma coisa, um humano teria que saltar o comprimento de um campo de futebol em um único salto! Os gafanhotos são encontrados frequentemente escondidos em meio à grama alta.

VOCÊ SABIA?

Eu como... plantas, especialmente grama e **cereais**.

Eu tenho... 6 pernas!

Eu posso ser encontrado... nos campos e pradarias.

Eu cresço até... 11 centímetros.

LAGARTA

Estas LARVAS GULOSAS passam a maior parte de seu tempo comendo!

Apesar de não parecer, elas são bebês borboletas ou mariposas. E assim que atingem o crescimento total, elas passam por uma transformação total: viram borboletas ou mariposas... Uau! Vire a página para ver em que elas se transformam!

As lagartas têm seis pernas, mas têm também pequenas **patas falsas** para ajudá-las a se mover e agarrar as coisas.

VOCÊ SABIA?

Eu como... plantas, especialmente folhas, flores e frutos.

Eu tenho... 6 pernas!

Eu posso ser encontrada... por quase toda parte!

Eu cresço até... 13 centímetros.

As lagartas formam uma **crisálida** ou **pupa** como esta para viver enquanto elas mudam de forma!

BORBOLETA

Que ASAS bonitas e brilhantes!

Você acredita que esta bela borboleta já foi uma lagarta? Suas asas podem ter padrões e formas muito diferentes. As borboletas adoram voar ao sol, o que mantém aquecidas.

VOCÊ SABIA?

Eu bebo... líquidos doces, como néctar, suco de frutas e seiva das árvores.

Eu tenho... 6 pernas!

Eu posso ser encontrada... por quase toda parte!

Eu cresço até... 28 centímetros.

VAGA-LUME

Estes insetos brilhantes ILUMINAM A NOITE!

Estes lindos insetos que brilham no escuro não são moscas, e sim besouros! Eles produzem sua própria luz usando órgãos especiais existentes dentro de suas barrigas para enviar mensagens uns aos outros.

VOCÊ SABIA?

Eu como... néctar, pólen e até mesmo outros vaga-lumes!

Eu tenho... 6 pernas!

Eu posso ser encontrado... em parques, campos e florestas.

Eu cresço até... 25 centímetros.

QUE INSETO É ESSE?

Com milhões de tipos diferentes de insetos por aí, pode ser difícil diferenciá-los! O panorama abaixo pode ajudá-lo a identificar alguns dos vários insetos mencionados neste livro.

COMECE AQUI

Tem pernas? – SIM – Tem 6 pernas?

Tem pernas? – NÃO – Tem concha?

Tem 6 pernas? – SIM – Tem asas?

Tem asas? – SIM – Tem ferrão?

Tem ferrão? – SIM – Eu sou uma abelha!

Tem concha? – SIM – Eu sou um caracol!

Tem concha? – NÃO – Tem olhos?

Tem olhos? – SIM – Eu sou uma lesma!

Tem olhos? – NÃO – Eu sou uma minhoca!

Eu sou uma lesma!

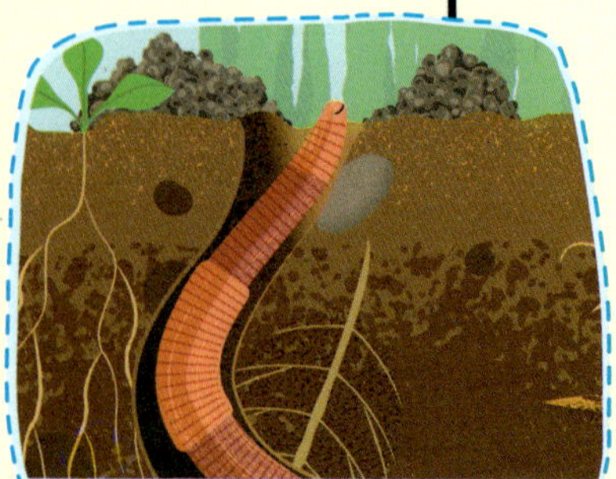

Eu sou uma minhoca!

Eu sou um caracol!

Eu sou uma abelha!

CAÇA AO INSETO

Que tal fazer uma caça aos insetos em uma área externa na sua casa ou perto dela para ver quais você consegue encontrar? Faça o seu próprio gráfico ou leve este com você para que seja possível identificá-los à medida que avança. Certifique-se de deixar os insetos em seus esconderijos depois que terminar de encontrá-los.

NÃO

Eu sou uma centopeia!

NÃO — Faz teia? — SIM

NÃO

Eu sou uma lagarta!

Eu sou uma aranha!

NÃO — É ativo à noite? — NÃO

SIM

Eu sou um vaga-lume!

Eu sou uma borboleta!

QUE INSETOS SÃO ESSES?

POR QUE OS INSETOS SÃO TÃO IMPORTANTES?

Existem pessoas que acham os insetos assustadores ou nojentos, mas todos eles têm um função importante a desempenhar no mundo em que vivemos. Você sabe quais são?

AME OS INSETOS!

Sem os pequenos insetos, nosso planeta estaria com grandes problemas! Por isso, é importante cuidar e ser gentil com qualquer inseto que você encontrar.

PROTETORES DO SOLO!

Os insetos que vivem embaixo da terra ajudam a manter o solo saudável, movimentando-se e comendo os elementos mortos que encontram. Até o cocô deles ajuda as plantas a crescer!

POLINIZADORES PERFEITOS

Abelhas, borboletas e muitos outros insetos são **polinizadores**. Eles ajudam a espalhar o pólen entre as flores, o que permite às plantas produzir sementes e frutos.

INSETOS PARA O JANTAR?

Muitos animais, como as aves e os morcegos, comem insetos. Sem eles, uma grande quantidade de criaturas passaria fome!

ÍNDICE

A
aranha 18-19, 39
ave 12-13, 41

B
besouros 28-29
besouro-de-chifre 28
bicho-pau 22-23
borboleta 34-35, 39, 41

C
caracol 14-15, 38-39
centopeia 26-27, 39

F
formigas 8-9
fungos 15, 17

G
gafanhoto 30-31

L
lagarta 32-33, 39
larva 20-21
lesma 16-17, 38-39
libélula 24-25

M
minhoca 12-13, 38-39
mosca 20-21

N
néctar 8-11, 20, 37

P
pólen 10-11, 20, 37, 41
polinização 41

T
teia 18-19

V
vaga-lume 36-37, 39

Este livro foi impresso em 1ª edição em 2024, 1ª reimpressão em 2025, em papel couché 115 g/m², com capa em cartão 250 g/m².

GIRASSOL BRASIL EDIÇÕES LTDA.
Av. Copacabana, 325 - 13° andar - Sala 1301
Alphaville, Barueri – SP, 06472-001
leitor@girassol.com.br
www.girassolbrasil.com.br

Direção Editorial: Karine Gonçalves Pansa
Coordenadora Editorial: Carolina Cespedes
Editora Assistente: Lívia Pupo Sibinel
Assistente de Conteúdo e Metadados: Rebecca Silva
Tradução: Monica Fleischer Alves
Diagramação: Patricia Benigno Girotto

Impresso no Brasil

Dados Internacionais de Catalogação na Publicação (CIP)
Angélica Ilacqua CRB-8/7057

Kington, Emily
Para Explorar : o mundo dos insetos / Emily Kington ; tradução de Monica Fleischer Alves, ilustrações de Dusan Lakicevic. — Barueri, SP : Girassol, 2024.
47 p. : il, color. (Coleção Para Explorar)

ISBN 978-65-5530-755-9
Título original: My First Book of Bugs

1. Literatura infantojuvenil inglesa I. Título II. Alves, Monica Fleischer III. Lakicevic, Dusan IV. Série

24-1531 CDD 028.5

Índices para catálogo sistemático:
1. Literatura infantojuvenil inglesa

GLOSSÁRIO

Água fresca – água natural que não contém sal. Ela é encontrada em rios, lagos e lagoas, mas não nos oceanos.

Anelídeo – animais que possuem o corpo formado por vários segmentos que lembram uma série de anéis.

Aracnídeo – animais artrópodes de corpo dividido em cefalotórax e abdômen. Possuem quatro pares de pernas, não têm asas e antenas.

Artrópode – animais invertebrados que possuem patas articuladas e uma carapaça protetora externa, que é considerado como seu esqueleto.

Cereais – plantas que produzem grãos comestíveis, como trigo, arroz e aveia.

Crisálida – também chamada de pupa, trata-se de uma concha dura que protege a lagarta enquanto se transforma em mariposa ou borboleta.

Entocar-se – fazer um buraco ou túnel, geralmente para viver nele.

Fungos – um grupo de seres vivos, incluindo cogumelos, trufas e leveduras, que não são plantas nem animais.

Micróbios – minúsculos seres vivos que só podem ser vistos com o auxílio de um microscópio.

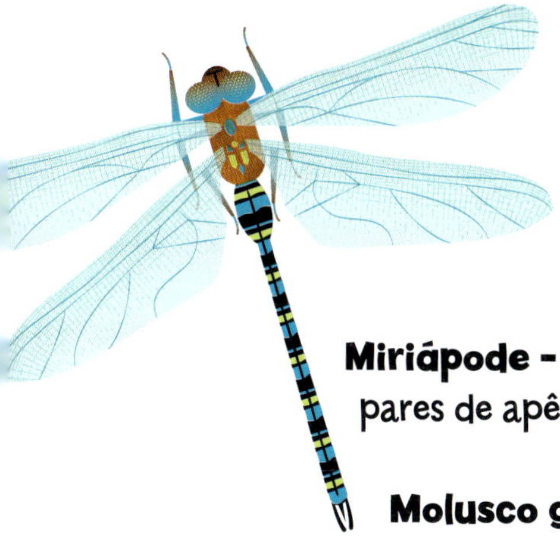

Miriápode - animais que apresentam na um par de antenas e três pares de apêndices.

Molusco gastrópode - animais de corpo mole que podem, ou não, apresentar conchas.

Néctar - líquido doce produzido pelas flores. Abelhas, borboletas e alguns outros insetos se alimentam dele.

Noturna - criaturas que dormem durante o dia e só aparecem à noite.

Pata falsa - partes pequenas e carnudas do corpo que parecem e agem como pernas, mas, na verdade, não são pernas.

Pólen - um pó produzido por algumas flores. As plantas precisam do pólen das flores para produzir sementes.

Polinizadores - insetos e outros animais que espalham o pólen entre as plantas.

Pragas - aqui, insetos que comem plantas e alimentos das pessoas, por exemplo, são considerados pragas.

Predadores - animais que caçam e matam outros animais para comer.

Segmentos - pedaços de algo que pode ser separado.

Seiva - uma substância líquida que sai de uma planta ou árvore.

Até logo!